MÉMOIRE HISTORIQUE

SUR

FOUCHÉ DE NANTES.

NOTICE DE L'ÉDITEUR.

Le hasard qui a jeté dans Paris un exemplaire de cette brochure, a fait connoître en même temps qu'elle étoit l'ouvrage d'un Anglais, homme distingué par son nom, son état et sa fortune, et à qui il n'a pu être inspiré que par un grand sentiment de justice et d'attachement pour la cause française.

Mémoire historique

SUR

FOUCHÉ DE NANTES,

MAINTENANT

DUC D'OTRANTE.

PAR UN ANGLAIS.

> « L'impunité de ces monstres n'est-elle pas une
> « preuve irréfragable que la France est sous le
> « joug ? » — CARNOT.

PARIS.

DELAUNAY, Libraire, Palais-Royal, galerie de bois.
A. EGRON, Imprimeur-Libraire, rue des Noyers, nº 37.

DÉCEMBRE 1815.

MÉMOIRE HISTORIQUE

SUR

FOUCHÉ DE NANTES,

MAINTENANT

DUC D'OTRANTE.

« Les actions de toute ma vie défient les calomnies « de mes ennemis ; il n'en est pas une qui ne m'ho- « nore. » FOUCHÉ, voyez le *Moniteur* du 31 janvier 1795. — Nous acceptons ce défi.....

LORSQU'UN individu a pris, pendant plusieurs années, une part active dans les vicissitudes d'une Révolution politique, on doit s'attendre qu'il sera représenté diversement par les auteurs contemporains. Il sera également en butte à l'adulation et à la calomnie ; ses talens, ses vertus, ses vices, toute sa conduite enfin auront été alternativement exagérés et décriés. Il sera même difficile, d'après tant d'avis contradictoires, de décider, non pas tant dans quelle classe il faut le placer, mais à quel degré d'éminence il sera parvenu dans la classe qui lui est propre.

Cette difficulté se trouve spécialement à l'égard de celui

qui fait le sujet de ce *Mémoire*. Nous nous précautionnerons dans le choix des autorités d'où nous tirerons chaque fait particulier de sa vie. Nous ne nous reposerons donc pas entièrement sur la *Dénonciation des Bretons*, *le Cri de vengeance des Lyonnais*, *la Police de Fouché dévoilée*, *les Annales du Terrorisme*, *les Crimes de la Révolution*, *le Biographe moderne*, *ou le Plutarque révolutionnaire*; excepté lorsque ces autorités sont confirmées par les discours et les lettres de M. Fouché lui-même, les pièces officielles tirées des *Moniteurs* et autres ouvrages également authentiques.

Le sujet de ce *Mémoire* est d'un âge avancé; on lui donne soixante-sept ans, et il paroît que dès le 9 novembre 1793, les forces physiques du citoyen Fouché étoient déjà un peu endommagées. * Il est dit qu'étant enfant il commença sa carrière en mendiant dans les rues de Nantes; mais il n'est pas nécessaire d'user d'exagération à cet égard. Sans doute son origine fut des plus obscures; mais on peut présumer qu'il dut sa naissance à des parens pauvres et honnêtes qui lui apprirent le *Credo*, le *Pater*, et les *Commandemens de Dieu*; leçons qu'il sut bientôt devancer et qu'il oublia, selon ce qu'on peut croire, totalement dans la suite de sa carrière. Nous le voyons, en 1789, un des Pères de la Congrégation de l'Oratoire, et professeur dans leur collége de Juilly, près de Meaux : il faut ici corriger l'erreur commune qui le place au rang de *prêtre apostat*. Il est vrai qu'il portoit l'habit de son ordre, et fut connu sous le nom de *Père Fouché*; mais il faut avouer qu'il n'a jamais été prêtre. Ses devoirs, durant le temps

* Voyez sa lettre à la Convention nationale, page 10 de ce *Mémoire*.

qu'il passa dans cette congrégration, consistèrent sans doute à instruire la jeunesse dans la religion et la morale, à lui apprendre à craindre Dieu, et à honorer le Roi.

Etant parvenu à une situation, qui sans être brillante, excédoit de beaucoup ce que sa naissance lui auroit pu promettre, son ambition ne fut qu'excitée sans être satisfaite.

La Révolution se déclara, et offrit à ses talens un champ glorieux et nouveau.

Un Club Jacobin se forma à Nantes. Le père Fouché en devint un des membres les plus célèbres, ce qui naturellement le conduisit à l'honneur d'être placé à la Convention Nationale; et Paris devint le théâtre de ses exploits.

Il paroît, par le Journal des Jacobins du 20 septembre 1792, que le ci-devant Père, maintenant citoyen Fouché, Représentant du Département de la Loire-Inférieure, parut pour la première fois au Club Jacobin à Paris le jour précédent. Il fut jugé « à la hauteur des circonstances », et s'attacha à Marat. Le 21 septembre, la Convention Nationale s'assembla; et le citoyen Fouché fut un des membres de cette majorité triomphante qui d'un seul coup prononça le décret qui abolissoit la royauté en France. La marche est facile de la révolte au régicide. *Louis XVI*, le meilleur des Souverains, devoit être assassiné comme *Tyran!* Le citoyen Fouché s'étoit arrogé les fonctions de Législateur, il n'hésita pas à s'approprier celle de Juge; il ne se fit pas scrupule de violer les devoirs les plus sacrés de l'un et de l'autre, il devint *coupable du sang de son Roi!*

Remarquons une circonstance de plus dans la conduite de ce Législateur judiciaire, ou Juge législatif. Pour assurer ce crime, il étoit nécessaire de passer par dessus la doctrine démocratique de la Souveraineté du peuple. Fouché vota la *Mort*, et vota aussi que le peuple Français n'auroit point permission de récuser les décisions arbitraires de lui-même et ses complices (Voyez le Moniteur 18 et 20 janvier 1793). Jusqu'ici le citoyen Fouché ne put s'arroger d'autre mérite que celui appartenant à la Convention en général; mais il fut bientôt envoyé en mission à Nevers, investi de pouvoirs qui excédoient (comme nous le verrons ensuite) l'autorité de Roi, Empereur, ou Pape, et s'étendant au-delà des intérêts de ce monde visible, parvenoient jusqu'à décider sur la question de l'existence future, que la connoissance infinie de ce Philosophe Citoyen prétendoit régler à son gré.

Pour parler de sa conduite générale à Nevers, nous nous servirons du langage de son digne ami, Anaxagore Chaumette, qui étant procureur de la Commune à Paris, peut être considéré comme une autorité de poids.

Il paroît que le digne Anaxagore, à qui l'on offrit une partie des louanges dues à Fouché, les désavoua en toute intégrité.

« Citoyen, » (écrit-il au rédacteur du Moniteur du 29 septembre 1793), « la plupart des journaux n'ayant pas « rendu exactement le récit du voyage que je viens de « faire, je vous prie d'y suppléer. La vérité me presse, « et je dois la proclamer: on m'a donné tous les honneurs « du bien qui s'est opéré dans mon pays natal, tandis que

« j'en ai nommé les auteurs; et j'avoue que le peu de « bien que j'ai pu faire dans ma vie, n'égalera jamais celui « qu'ont fait dans le département de la Nièvre, le Repré- « sentant du Peuple, Fouché de Nantes, et les Sans-Cu- « lottes de la société populaire de Nevers. J'ai indiqué « quelque bien à Fouché, et le bien a été fait; mais ce « pays de la Nièvre étoit déjà régénéré par ses soins pa- « ternels. Entouré de Fédéralistes, de Royalistes, de Fa- « natiques, le Représentant du Peuple n'avoit pour con- « seils que trois ou quatre Patriotes persécutés, et avec « ce foible secours, il a opéré les miracles dont j'ai parlé. « Vieillesse honorée, infirmité secourue, malheur respec- « té, fanatisme détruit, fédéralisme anéanti, fabrication « du fer en activité, gens suspects arrêtés, crimes exem- « plairement punis, accapareurs poursuivis, incarcérés, « tel est le sommaire des travaux du Représentant du « Peuple Fouché : voilà ce que les journaux ont oublié « de dire, et que je dois publier hautement. Quant au « bien que j'ai pu faire par moi-même, mes concitoyens « le diront : ce n'est pas là mon affaire. »

En citant le témoignage d'Anaxagore, il ne seroit pas juste d'omettre que cet excellent citoyen fut également remarquable par son humanité, ses idées libérales, et sa modestie.

Son humanité fut incontestable; car quoiqu'il trouvât la marche du Tribunal Révolutionnaire trop *lente*, il fit porter un décret solennel qui abolissoit le châtiment des enfans dans les colléges. La libéralité de ses idées fut démontrée d'une manière frappante lorsqu'il présenta la Déesse de la Raison à la Convention, et qu'il demanda que l'église cathédrale de Paris lui fût consacrée. Sa modestie ne parut pas moins, car il est de fait qu'il procura un décret qui défendoit à tout graveur de vendre son portrait. Tel fut le premier ami du Citoyen Fouché. *Noscitur à socio*, se pourroit appliquer à chacun d'eux, jusqu'au moment où le pauvre Chaumette, pour avoir cherché à détruire l'idée même de l'existence d'un Etre Suprême, fut condamné au saint martyre de la guillotine : après quoi son coopérateur dans l'ouvrage de l'Athéisme se garda bien de dire mot en sa faveur. Au contraire, ayant eu occasion d'en parler aux Jacobins, il le désigna comme un scélérat, un conspirateur, dont l'ombre planoit encore sur Nevers : à cette perfide apostasie en fait d'amitié, Robespierre lui-même s'écria avec indignation : « Il ne « s'agit pas de jeter à présent de la boue sur la tombe de « Chaumette, lorsque ce monstre a péri sur l'échafaud : « Il falloit lui livrer combat avant sa mort. » *Voyez le* Moniteur *du* 16 *Juin*, 1793. *Club des Jacobins, Fouché de Nantes, président.*

Mais je termine cette digression ; la conduite de Fouché à Nevers n'exige pas le témoignage particulier de Chaumette pour le faire connoître : encore moins citerons-nous la *Dénonciation des Bretons*, car il arrive, que nous avons le texte d'un décret émané de Fouché lui-même, signé par lui, et publié au long dans le *Moniteur* du 27, premier mois, première année de la République française. Voici le Décret :

« Considérant que le Peuple Français ne peut recon-« noître d'autre *culte* que celui de la morale universelle ; « d'autre *dogme* que celui de sa souveraineté et de sa

« toute-puissance, etc. Toutes les enseignes religieuses « qui se trouvent sur les routes, sur les places, et géné- « ralement dans tous les lieux publics, seront anéanties. « Tous les citoyens morts, de quelque secte qu'ils soient, « seront conduits, 24 heures après le décès, et 48, en « cas de mort subite, au lieu destiné pour la sépulture « *commune*, couverts d'un voile funèbre, sur lequel « sera peint le *Sommeil*; le lieu commun où leurs « cendres reposeront, sera isolé de toutes habitations, « planté d'arbres, sous l'ombre desquels s'élevera une « statue représentant le *Sommeil*. Tous les autres signes « seront détruits; et on lira sur la porte de ce champ con- « sacré par un respect religieux aux mânes des morts, « cette inscription : *La Mort est un sommeil éternel.* »

Il est inutile de faire remarquer quelle étoit la cruauté d'un décret pareil pour les survivans, spécialement s'ils se trouvoient être chrétiens d'une secte quelconque. Il seroit douloureux de parler de son impiété, mais il est bon à remarquer qu'il eut lieu plusieurs semaines avant que la Convention *en corps* fût présente au Temple de la Raison, et auparavant que la Commune de Paris eût prononcé le décret qui abolissoit toute pratique extérieure des cérémonies religieuses. Fouché ne fut pas seulement le premier, il fut aussi un des persécuteurs les plus zélés de la religion. Peu de temps après le décret ci-dessus, nous voyons dans les procès-verbaux de la Convention, l'article suivant :

« Fouché de Nantes, représentant du Peuple dans « le département de la Nièvre, envoie à la Convention « 1091 pièces en or et argent provenant des *dépouilles*

« *des églises.* » Voyez *Moniteur*, premier jour, second mois, seconde année.

Notre héros fut, peu de temps après, rappelé du département de la Nièvre, pour remplir des fonctions plus graves à Lyon, et il fut associé, par le Comité de Salut Public, à Collot-d'Herbois comme « deux représentans, « dont les mains fermes et vigoureuses appuieroient l'exé- « cution des lois. » Il paroît cependant, qu'il en coûtoit au citoyen Fouché d'abandonner un pays qu'il avoit régénéré avec tant de succès, et où il commençoit à jouir un peu du fruit de ses travaux. Voici sa lettre à la Convention Nationale, insérée dans le *Moniteur*, N°. 49, 9 novembre 1793.

« Citoyens Collègues, je n'avois plus que des jouis- « sances à recueillir dans le département de la Nièvre : « vous m'offrez des travaux pénibles à *Ville-Affranchie*. « J'accepte avec courage cette mission : je n'ai plus les « mêmes forces, mais j'ai toujours la même énergie. Les « offrandes continuent d'abonder à Nevers, sur l'autel de « la patrie; je vous fais passer un quatrième envoi d'or « et d'argent qui s'élève à plusieurs millions. Le mépris « pour le superflu est tel ici que celui qui en possède, « croit avoir sur lui le sceau de la réprobation. Le goût « des vertus républicaines et des formes austères a pé- « nétré toutes les âmes depuis qu'elles ne sont plus cor- « rompues par les *Prêtres* : quelques-uns de ces impos- « teurs s'avisent encore de jouer leurs *comédies religieuses*, « mais les Sans-Culottes les surveillent, renversent tous « leurs *théâtres*, et plantent sur leurs débris l'arbre « immortel de la liberté. Vive la République. »

Fouché, à ce qu'il paroît, avoit fait son second envoi de la dépouille des églises, et des châteaux, le 11 brumaire, (1.er novembre 1793). Voici encore sa lettre à la Convention Nationale.

« Citoyens Collègues, je vous envoie 17 malles remplies d'or, d'argent et d'argenterie de toute espèce, provenant de la dépouille des églises, des châteaux, et « aussi des dons des Sans-Culottes. Vous verrez avec plaisir, deux belles crosses d'argent doré, et une *couronne* « *ducale* en vermeil. L'or et l'argent ont fait plus de mal « à la République que le fer et le feu des féroces Autrichiens et des lâches Anglais. Je ne sais par quelle imbécille complaisance on laisse encore ces métaux entre les « mains des hommes suspects. Ne voit-on pas que c'est « laisser un dernier espoir à la malveillance et à la « cupidité ? Avilissons l'or et l'argent, traînons dans la « boue ces dieux de la Monarchie, si nous voulons faire « adorer les dieux de la République, et établir le culte « des vertus austères de la liberté. Vive la Montagne ! « Vive la Convention Nationale ! Je vous ferai dans peu « un troisième envoi. Vive la République !

« *Signé* Fouché. »

Les Sans-culottes de la Nièvre, qui avoient apporté ces caisses remplies d'argent, demandèrent alors la parole, et l'orateur s'exprima ainsi : — « Représentans du peuple « français, les Sans-Culottes de la Nièvre, pleins de mépris « pour l'or et l'argent, viennent déposer dans votre sein les « reliques du fanatisme et de l'orgueil ; ils foulent aux pieds « les crosses, les mitres et tous les hochets de la Calotte. « Les habitans des campagnes viennent eux-mêmes appor-

« ter l'argenterie de la table de leur Dieu et de leurs ci-« devant seigneurs ; ils ont même exprimé le vœu formel « pour la suppression des ministres du culte catholique, et « demandent à la place des instituteurs de morale. On offre « maintenant en vain, dans nos cités, du numéraire en ar-« gent ; il est devenu odieux au peuple, qui sait qu'il fut « toujours le prix de la corruption. Les femmes elles-mêmes « ont déposé toutes leurs croix. Nous ne voulons plus que « du pain et du fer. »

Ce discours fut reçu avec de grands applaudissemens, et les Sans-Culottes de la Nièvre eurent les honneurs de la séance.

Le Comité de Salut public ne se méprit pas dans la confiance qu'il accordoit aux deux députés qu'il avoit choisis pour la mission de *Commune-Affranchie :* la première lettre de ce digne couple est datée 20 brumaire an 2 (10 nov. 1793). Voyez le *Moniteur*, 17 Nov.

« Citoyens Collègues, l'ombre de Challier est satisfaite ; « ceux qui dictèrent l'arrêt atroce de son supplice sont frap-« pés de la foudre ; et ses précieux restes, religieusement « recueillis par les Républicains, viennent d'être portés en « triomphe dans toutes les rues de *Commune-Affranchie :* « c'est au milieu même de la place où ce martyr intrépide « fut immolé à la rage effrénée de ses bourreaux, que ses « cendres ont été exposées à la vénération publique et à la « religion du patriotisme. Aux sentimens profonds et éner-« giques, qui remplissoient toutes les âmes, a succédé un « sentiment plus doux, plus touchant, des larmes ont coulé « de tous les yeux à la vue de la colombe qui l'avoit accom-« pagné et consolé dans son affreuse prison, et qui sembloit

« gémir auprès de son simulacre. Tous les cœurs se sont « dilatés, le silence de la douleur a éte interrrompu par des « cris mille fois répétés : Vengeance ! Vengeance !

« Nous le jurons, le peuple sera vengé; notre courage « sévère répondra à sa juste impatience; le sol qui fut rougi « du sang des patriotes sera bouleversé; tout ce que le vice « et le crime avoient élevé sera anéanti; et sur les débris de « cette ville superbe et rebelle, qui fut assez corrompue « pour demander un *maître*, le voyageur verra avec satis- « faction quelques monumens simples élevés à la mémoire « des martyrs de la liberté, et des chaumières éparses que « les amis de l'égalité s'empresseront de venir habiter pour « y vivre heureux des bienfaits de la nature. »

Signé Collot-d'Herbois, Fouché (de Nantes), Delaporte.

Par manière d'explication, il sera à propos de remarquer ici que Challier, nommé au commencement de cette lettre, étoit Savoyard et un des disciples de Marat. Il se mit à la tête d'un club de six cents scélérats, qui avoient formé le complot d'assassiner tous les riches habitans de Lyon, et de jeter leurs cadavres dans le Rhône. Il fut formellement jugé, condamné et exécuté par la municipalité. Tel fut le misérable dont « les cendres furent présentées « à la vénération publique et à la Religion du Patriotisme, » par le Citoyen Fouché !

Il faut avouer que cette nouvelle religion différoit infiniment de celle que la régénération de la Nièvre avoit abolie. Fouché n'entre point minutieusement dans les détails de la cérémonie; mais ils sont enregistrés par Prudhomme, dans son *Histoire des Crimes de la Révolution*, et sans garantir son exactitude, quoiqu'il soit trop à craindre qu'elle ne soit point douteuse, nous présenterons l'extrait suivant de son ouvrage. (Vol. 4, pag. 33.) « Il ne manquoit plus à « la folie révolutionnaire que de diviniser le crime, en fai- « sant l'apothéose de Challier; ils indiquèrent pour cette « fête un jour destiné à celle de notre ancien culte. Cette « circonstance ne fit qu'ajouter au ridicule et à l'horreur « dont se couvrirent dans cette journée les promoteurs de « la dégradation des Lyonnais, en leur présentant pour « idole ce *Challier*, l'ennemi juré de son repos et de son « bonheur : le Sénat romain décerna des honneurs divins « à ses tyrans; le Peuple français, dit *Souverain*, fait brû- « ler l'encens aux pieds des siens !

« Le jour fixé pour la fête de Challier, son image est « pompeusement promenée dans les rues de Lyon; des « hommes et des femmes la portent avec respect; d'autres « hommes sont chargés des *vases sacrés*; au milieu d'eux « est un âne, couvert d'une chape et coiffé d'une mitre; « à sa queue sont suspendus la *Bible* et l'*Evangile !* On « brûle le corps supposé de Challier, et ses cendres sont « pieusement distribuées aux sectateurs de sa morale. « L'*Evangile* et la *Bible* sont brûlés, et on en jette les « cendres au vent. Cette cérémonie s'acheva par faire boire « l'âne dans un *calice !* On agita ensuite de consacrer cette « journée en immolant tous les prisonniers aux mânes de « Challier. Ce massacre, auquel ses indignes partisans ap- « plaudirent, eût peut-être été exécuté, sans un orage vio- « lent qui dissipa tout-à-coup cette odieuse fête. »

Nous doutons s'il est permis de répéter d'aussi horribles impiétés. Est-il croyable que celui qui en a été l'acteur ose insulter des princes chrétiens par sa présence, s'ingérer dans leurs conseils, diriger la destinée de leurs empires? Juste Ciel! et la lumière de l'Evangile n'est pas totalement éteinte! et la Religion chrétienne se pratique encore! et on voit encore respecter les rites de l'Eglise par toutes les nations civilisées!

Passons à d'autres endroits de cette lettre atroce. « Nous « jurons de venger le Peuple. » On peut croire le témoignage d'un Démagogue athée, lorsqu'il jure de se venger. Apprenons des malheureux habitans de Lyon si Fouché tint ce serment. Que la voix de Camille Jourdan, qui fut souvent énergiquement élevée contre les désolateurs de son pays natal, apprenne à ses Collègues si les menaces de Fouché furent sans effet. Mais non. Fouché rendra témoignage de sa conduite lui-même. Voyez le *Moniteur* du 24 novembre 1793. Vous y trouverez la lettre suivante de la part de *Fouché* et Collot à leurs Frères sanguinaires de la Convention.

Les Représentans du peuple, Fouché (de Nantes) et Collot-d'Herbois, à la Convention nationale.

« Citoyens Collègues,

« Nous poursuivons notre mission avec l'énergie de Répu-« blicains qui ont le sentiment profond de leur caractère; « nous ne le déposerons point; nous ne descendrons pas de la « hauteur où le peuple nous a placés, pour nous occuper « des misérables intérêts de quelques hommes *plus ou* « *moins* coupables envers la patrie. Nous avons éloigné de « nous tous les individus, parce que nous n'avons point de

« temps à perdre, point de faveur à accorder; nous ne « devons voir et nous ne voyons que la République, que « vos décrets qui nous commandent de donner un grand « exemple, une leçon éclatante; nous n'écoutons que le « cri du peuple, qui veut que tout le sang des patriotes « soit vengé une fois d'une manière prompte et terrible, « pour que l'humanité n'ait plus à pleurer de le voir cou- « ler de nouveau.

« Convaincus qu'il n'y a d'innocent dans cette infâme cité « que celui qui fut opprimé, ou chargé de fers par les as- « sassins du peuple, nous sommes en défiance contre les « larmes du repentir ; rien ne peut désarmer notre sévé- « rité. Ils l'ont bien senti ceux qui cherchent à vous sur- « prendre, ceux qui viennent de vous arracher un décret « de sursis en faveur d'un détenu : nous sommes sur les « lieux, vous nous avez investis de votre confiance, et « nous n'avons pas été consultés.

« Nous devons vous le dire, Citoyens Collègues, l'in- « dulgence est une faiblesse dangereuse, propre à rallumer « les espérances criminelles, au moment où il faut les dé- « truire; on l'a provoquée envers un individu, on l'a pro- « voquée envers tous ceux de son espèce, afin de rendre « illusoire l'effet de votre justice; on n'ose pas encore vous « demander le rapport de votre premier décret sur l'anéan- « tissement de la ville de Lyon; mais on n'a presque rien « fait jusqu'ici pour l'exécuter. Les démolitions sont trop « lentes, il faut des moyens plus rapides à l'impatience « républicaine. L'explosion de la mine, et l'activité dévo- « rante de la flamme, peuvent seules exprimer la toute- « puissance du peuple; sa volonté ne peut être arrêtée

« comme celle des tyrans, elle doit avoir les effets du « tonnerre. »

Voyez encore le *Moniteur* du 3 décembre 1793; vous ne trouverez aucun relâchement, aucun remords dans l'âme de ces impitoyables bouchers, qui écrivent de nouveau à leurs complices assassins.

Les Représentans du peuple envoyés dans Commune-Affranchie *pour y assurer le* bonheur *du peuple.*

« Citoyens Collègues,

« Nous vous envoyons le buste de Challier, et sa tête « mutilée, telle qu'elle est sortie pour la troisième fois de « dessous la hache de ses féroces meurtriers. Lorsqu'on « cherchera à émouvoir votre sensibilité, découvrez cette « tête sanglante aux yeux des hommes pusillanimes, et qui « ne voient que des individus; rappelez-les, par ce langage « énergique, à la sévérité du devoir et à l'impassibilité de « la Représentation nationale.

« C'est la liberté qu'on a voulu assassiner en immolant « Challier; ses bourreaux en ont fait l'aveu avant de tom- « ber sous le glaive de la justice. On a entendu de leur « propre bouche *qu'ils mouroient pour leur Roi*, qu'ils « vouloient lui donner un successeur. Jugez de l'esprit qui « animoit cette ville corrompue; jugez des hommes qui la « maîtrisoient par leur fortune ou par leur pouvoir; jugez « si on peut accorder impunément un sursis. Point d'in- « dulgence, Citoyens Collègues, point de délai, point de « lenteur dans la punition du crime, si vous voulez pro- « duire un effet salutaire. Les Rois punissoient lentement,

« parce qu'ils étoient foibles et cruels; la justice du peuple « doit être aussi prompte que l'expression de sa volonté. « Nous avons pris des moyens efficaces pour marquer sa « toute-puissance, de manière à servir de leçon à tous les « rebelles.

« Nous ne vous parlerons point des *Prêtres*; ils n'ont « pas le privilége de nous occuper en particulier. Nous ne « nous faisons point un jeu de leurs *impostures*, ils domi-« noient la conscience du peuple, ils l'ont égarée, ils sont « complices de tout le sang qui a coulé : leur arrêt est « prononcé.

« Nous saisissons chaque jour de nouveaux trésors; nous « avons découvert chez *Tolosan* une partie de sa vaisselle « cachée dans un mur. Il y a ici beaucoup d'or et d'argent « que nous vous enverrons successivement. »

Il sera à propos de transcrire ici des extraits d'une autre lettre de Fouché et ses complices à la Convention Nationale insérée dans le *Moniteur* du 17 décembre 1793.

Les Représentans du peuple envoyés à Commune-Affranchie *pour y assurer le bonheur du peuple etc.*

« Citoyens Collègues,

« Nous sommes arrêtés sans cesse dans la rapidité de « notre marche révolutionnaire par de nouveaux obs-« tacles qu'il faut franchir, par des complots toujours re-« naissans qu'il faut étouffer. Notre pensée, notre exis-« tence tout entière sont fixées sur des ruines, sur des « tombeaux, où nous sommes menacés d'être ensevelis « nous-mêmes, et cependant nous éprouvons de *secrètes* « *satisfactions*, de *solides jouissances*; la nature reprend

« ses droits, l'humanité nous semble vengée, la Patrie « consolée, et la République sauvée, assise sur ses véri- « tables bases, sur les cendres de ses lâches assassins. »

« Nous devons donner un témoignage public d'estime « aux travaux assidus de la commission révolutionnaire que « nous avons établie; elle remplit ses devoirs pénibles avec « une sévérité stoïque, et une impartiale rigueur. C'est en « présence du peuple, sous les voûtes de la nature, qu'elle « rend la justice, comme le ciel la rendroit lui-même; des « applaudissemens nombreux et unanimes sanctionnent ses « jugemens : les condamnés eux-mêmes, qui jusqu'à la « lecture de leur sentence, répandent l'or et l'argent pour « acheter un voile de patriotisme qui puisse couvrir leurs « crimes, nous écrivent qu'ils méritent la mort, mais qu'ils « demandent grâce pour ceux qui ne furent que leurs com- « plices.

« La terreur, la salutaire terreur est vraiment ici à l'ordre « du jour; elle comprime tous les efforts des méchans, « elle dépouille le crime de ses vêtemens et de son or; « c'est sous les haillons honorables de la misère que se « cache le riche *royaliste*, fumant encore du sang des « Républicains, etc. etc. »

Voyons maintenant quel étoit le ton des subalternes, employés dans la régénération de *Commune-Affranchie* : dans le *Moniteur* du 20 décembre 1793, nous trouvons une lettre de *Pelletier*, l'agent confidentiel du citoyen Fouché; elle est adressée au conseil général, et mérite qu'on en tire quelques extraits.

« Citoyens mes Collègues,

« En punissant les coupables, en abattant toutes les

« maisons où habitoient les *riches* de cette orgueilleuse cité, « nous voudrions aussi régénérer l'esprit des habitans, et « ce n'est pas là l'ouvrage le plus facile. Tous les Lyonnais, « accablés par la terreur, gardent le silence, mais les noms « sacrés de Patrie, de République, sont étrangers à leurs « âmes. Il existe cependant des Patriotes, des Sans-Cu-« lottes, mais en petit nombre, et la majorité de ce petit « nombre est d'une ignorance extrême. La masse du peuple « n'a presque aucun rapport avec celle des autres départe-« mens. Ce ne sont pas les Sans-Culottes de Paris remplis « de courage et d'énergie, connoissant tout à la fois leurs « droits et leurs devoirs. Il faudra disséminer tous ces Lyon-« nais dans divers points de la République, et réduire cette « cité, aujourd'hui de 140,000 âmes, à 25,000 au plus. « —*Les Représentans* du peuple ont substitué aux deux « tribunaux révolutionnaires qu'ils avoient créés un comi-« té de sept juges; cette mesure étoit indispensable : les « deux tribunaux, sans cesse embarrassés *par les formes*, « ne remplissoient pas les vœux du peuple; les prisonniers « *entassés* dans les prisons, les exécutions *partielles*, ne « faisoient plus que peu d'effet sur le peuple; le Comité des « Sept juge *sommairement*, et leur justice est aussi éclai-« rée qu'elle est *prompte*..... Le 14 Frimaire, soixante de « ces scélérats ont subi la peine due à leurs crimes par la fu-« sillade; le 15 frimaire, deux cent huit ont subi le « même sort; le 18, soixante-huit ont été fusillés, et huit « guillotinés; le 19, treize ont été guillotinés; le 21, la « fusillade en a détruit en masse cinquante-trois; sous peu « de temps, les coupables de Lyon ne souilleront plus le « sol de la République. »

Il paroît que vers ce temps le Club des Jacobins s'occupoit d'un *scrutin épuratoire* de ses membres; quelques doutes s'étoient élevés même sur le civisme de Fouché de Nantes, et de son collègue, Collot-d'Herbois; ce dernier parut à la tribune; des « applaudissemens flatteurs annon« cent sa présence. »

« C'est de vous, Jacobins, s'écrie-t-il, que Fouché de « Nantes, et moi, avons reçu la mission difficile de purger « le midi de tous les contre-révolutionnaires qui l'infectent: « à notre arrivée à *Commune-Affranchie*, nous avons « passé en revue l'armée révolutionnaire; nous n'avons « pas eu de peine à apercevoir certains mouvemens qui « se passoient dans plusieurs de ses membres; une fausse « compassion les égaroit, et nous nous sommes convaincus « que la cause de ces agitations provenoit de ce qu'elle « n'avoit pas été casernée, quoique nous en eussions donné « l'ordre exprès; plusieurs soldats de l'armée révolution« naire avoient été logés chez des bourgeois, chez des aris« tocrates qui leur avoient fait prendre de fausses idées sur « les *grandes mesures* à l'exécution desquelles ils étoient « appelés. Les femmes surtout ont employé tous les ar« tifices, et les femmes sont *toutes* contre-révolutionnaires « à *Commune-Affranchie*, elles ont pris pour patronne, « *Charlotte Corday*; tout ce que leur sexe offre de plus « attrayant, tout ce que des formes aimables ont de plus « enchanteur, a été mis en usage pour séduire cette armée « qui nous étoit si nécessaire. Les *filtres amoureux*, « les *charmes* ont été préparés par ces femmes, etc. etc.

« On nous a accusés d'être des antropophages, des « hommes de sang, et ce sont des pétitions contre-révo-

« lutionnaires, colportées par des aristocrates, qui nous font « ce reproche ! On examine avec l'attention la plus scru- « puleuse, de quelle manière sont morts les contre-révo- « lutionnaires, on affecte de répandre qu'il ne sont pas « morts du premier coup ! Eh ! Jacobins, Challier est-il « mort du premier coup ? etc. Qui sont donc ces hommes « qui réservent toute leur sensibilité pour des contre- « révolutionnaires, qui évoquent douloureusement les « mânes des assassins de nos frères ? qui sont ceux qui ont « des larmes de reste pour pleurer sur les cadavres des « ennemis de la liberté, alors que le cœur de la Patrie est « déchiré ? *Une goutte* de sang versée des veines généreuses « d'un patriote, me retombe sur le cœur, mais je n'ai point « de pitié pour des conspirateurs. *Nous en avons fait* « *foudroyer deux cents d'un coup*, et on nous en fait un « crime ! Ne sait-on pas que c'est encore une marque de « *sensibilité* ? Lorsque l'on guillotine vingt coupables, le « dernier exécuté meurt vingt fois, tandis que ces deux « cents conspirateurs périssent ensemble ! La foudre popu- « laire les frappe, et semblable à celle du *ciel*, elle ne laisse « que le néant et les cendres ! On parle de sensibilité ! Et « nous aussi nous sommes sensibles ; les JACOBINS ont « toutes les vertus, ils sont *compâtissans*, *humains*, *gé-* « *néreux* ; mais tous ces sentimens, ils les réservent pour « les patriotes qui sont leurs frères, et les aristocrates ne « le seront jamais. » (*Moniteur*, 24 décembre 1793).

Peu de temps après, Collot-d'Herbois fut mandé, de concert avec Salicetti, à Toulon, pour y exercer la vengeance salutaire que Lyon avoit déjà subie ; et ces amis intéressants entretinrent une correspondance, et s'encouragèrent mutuellement aux mesures les plus énergiques. Voici l'extrait d'une lettre du Citoyen Salicetti, datée d'Ollioule le 29 frimaire. (*Moniteur*, 25 décembre 1793.)

« Mon cher ami,

« J'arrive de Toulon, où une division de nos troupes « est entrée sur les 3 heures, après avoir bombardé cette « ville infâme pendant 12 heures. La ville est maintenant « embrasée, et offre le spectacle le plus affreux : presque « tous les habitans se sont sauvés. Ceux qui sont restés, « serviront pour apaiser les mânes de nos braves frères « qui ont combattu avec tant de vaillance.

Salut et fraternité.

La réponse de Fouché est encore plus énergique.

Fouché à Collot-d'Herbois, son collègue et son ami, membre du Comité de Salut Public.

« Et nous aussi, mon ami, nous avons contribué à la « prise de Toulon, en portant l'épouvante parmi les lâches « qui y sont entrés, en offrant à leurs regards des milliers « de cadavres de leurs complices. La guerre est terminée, « si nous savons mettre à profit cette mémorable victoire. « Soyons *terribles*, pour ne pas craindre de devenir *foibles* « ou *cruels*; anéantissons dans notre colère et d'un seul « coup, tous les rebelles, tous les conspirateurs, tous les « traîtres, pour nous épargner la douleur, le long supplice « de les punir en *Rois*. Exerçons la justice à l'exemple de « la nature, vengeons nous, en *peuple*, frappons comme « la foudre, et que la cendre même de nos ennemis dis- « paroisse du sol de la liberté.

« Que de toutes parts les perfides et féroces anglais « soient assaillis; que la République entière ne forme qu'un « volcan qui lance sur eux la lave dévorante ; que l'île in-« fâme qui produisit ces monstres, qui n'appartiennent « plus à l'humanité, soit à jamais ensevelie sous les flots « de la mer ! *

« Adieu, mon ami, les larmes de joie coulent de mes « yeux, elles inondent mon âme.

« *P. S.* Nous n'avons qu'une manière de célébrer la vic-« toire; nous envoyons ce soir deux cent treize rebelles « sous le feu de la foudre. Des courriers extraordinaires « vont partir dans le moment, pour en donner la nouvelle « aux armées. »

On ne manquera pas de remarquer que cette lettre, écrite par Fouché seul, et adressée à Collot-d'Herbois, se trouve exprimée dans des termes si conformes à tout ce que nous avons précédemment vu signé des deux amis de concert, qu'il y a peu de doute que Fouché ne fût l'au-

* En 1793, l'année même où ces représentans éclairés et philosophes du peuple français, Fouché et Collot, massacroient ainsi par milliers leurs propres concitoyens, et chargeoient l'Angleterre de malédictions, cette même Angleterre tendoit les bras aux victimes de leur fureur, et un fonds de 40,000 livres sterlings fut créé pour les secourir par les contributions volontaires d'individus de tout rang et de tout état. Dans le cours de l'année suivante, le nombre de confesseurs de la foi chrétienne jetés sur nos rivages se monta à plus de huit mille, et, à l'éternel honneur de l'église anglicane, les chaires *protestantes* retentissant aussitôt d'un appel unanime à la générosité publique, une seule quête en faveur de leurs frères *catholiques*, produisit la somme de 42,000 livres sterlings (un million de livres, monnoie de France), mémorable et magnifique contraste entre la sublime charité et la vraie philosophie des *Chrétiens*, et la barbarie sauvage des *Athées démagogues*.

teur de toutes. Nous y voyons le même affreux mélange de sang et de sensibilité ; de *larmes*, et de *foudres*, la belle distinction entre se montrer *terrible*, ou *cruel*, entre punir *en Rois*, ou punir en Républicains.

Il faut avouer que le mauvais goût présidoit assez parmi les écrivains démocrates ; mais selon les règles ordinaires de la critique, il n'est pas probable que l'on puisse trouver autant d'identités d'un goût aussi exécrable entre deux différens écrivains.

« *Le cri de Vengeance des Lyonnais contre Collot-d'Herbois et Fouché* fut publié à Lyon en 1795. Il s'arrête à quelques détails de la conduite individuelle de Fouché, trop affreux pour trouver place ici, mais qui doivent être placés au niveau des horreurs de Le Bon, Carrier, et d'autres agens de la *terreur*, dont la cruauté surpassa tellement tout ce qui s'étoit vu dans les annales des nations civilisées, qu'ils périrent eux-mêmes sous la guillotine par les ordres de leurs associés. Nous ne parlerons pas de ces faits, excepté pour en rédiger un, qui paroît n'être point absolument correct, au moins du côté de la date. Les auteurs de cet ouvrage supposent la lettre de Fouché, citée ci-dessus, avoir été écrite le 22 décembre 1793 ; conséquemment, ils imaginent que le post-scriptum a en vue le supplice de cent quatre-vingt-douze Lyonnais, qui eut lieu en ce jour ; et, comme ils le rapportent, *durant un festin donné par Fouché à trente Jacobins et vingt prostituées, qui furent témoins de cette boucherie de leurs fenêtres donnant sur le quai.* Il paroît certain cependant, que cette lettre fut écrite le 19 décembre, et comme Fouché dit en effet : « nous enverrons *ce soir* deux cent treize rebelles sous le feu du tonnerre, » l'auteur du *Cri de Vengeance* doit s'être mépris de trois jours dans la date de cet événement, ou bien Fouché, entre le 19 et 22, a fait exécuter quatre cent cinq personnes. Nous ne chercherons pas à exagérer des crimes aussi monstrueux, et nous nous contenterons de lui attribuer le massacre dont il tire gloire, de deux cent treize de ses concitoyens en *un seul jour*! Il est bon à remarquer que le siècle présent nous donne une preuve sans réplique du peu de foi que l'on doit ajouter aux spectres, preuve que nos ancêtres plus superstitieux, mais moins atroces que nous, n'avoient pas. Voyez les fictions du théâtre; les fureurs d'Oreste; les sombres terreurs de Richard dans sa tente!

Un *seul* meurtre, autrefois assujettissoit le criminel à des remords et à des visites pareilles; mais aujourd'hui il n'en est pas ainsi : car l'auteur de ce massacre existe; et les spectres de ces deux cent treize victimes ne lui apparoissent point, ni à la cour, ni au milieu de ses festins! cependant

> Mens sibi conscia facti
> Præmetuens, adhibit stimulos, torretque flagellis;
> Nec videt interea qui terminus esse malorum
> Possit, nec quæ sit pænarum denique finis.

Quelque lecteur sceptique (et il faut avouer que l'humanité peut occasionner quelque scepticisme à l'égard de la *possibilité* de pareils crimes) pourra suggérer que Fouché ne parle que de son *intention* d'envoyer ces malheureuses victimes à la mort. Il suffiroit cependant de remarquer qu'il parle de cette funeste intention tellement de gaîté de cœur, qu'il y a peu de raison d'espérer qu'il ne l'exécuta pas au pied de la lettre. Nous citerons ici une pièce, qui ne peut être mise en doute, comme une preuve trop certaine de l'habitude qu'avoient adoptée Fouché et Collot-d'Herbois d'assassiner *en masse*; c'est le rapport *officiel* du dernier, parlant au nom des *deux*, à la Convention. Ce fut dans le temps de *Robespierre* qu'il se trouva encore assez de vertu à la Convention pour y être indigné des comptes rendus journellement de Lyon. Une pétition de la part de ses malheureux habitans leur avoit été transmise; Collot-d'Herbois entreprit d'y répondre, mais il est aisé de découvrir les touches de la plume de son digne collègue. Cette réponse se trouve, en forme de rapport, dans les *Moniteurs* des 12 et 13 janvier 1794. En voici des extraits; et il est à remarquer que cette pièce justificative est par manière d'*apologie* et d'*atténuation !*

« Vous demandez, Citoyens, pourquoi les avoit-on différées ces exécutions? Il faut le dire : c'est que pour délivrer l'humanité du spectacle déplorable de tant d'exécutions successives, vos commissaires avoient cru possible de détruire tous les conspirateurs jugés en un seul jour. Ce vœu, provoqué par la véritable sensibilité, sortira naturellement du cœur de tous ceux qui auront une pareille mission à remplir. Qui de vous, Citoyens, à la place de vos collègues, n'eût pas voulu tenir la foudre pour anéantir tous ces traîtres d'un seul coup? Qui de vous n'eût pas voulu donner à la faux de la mort un tel mouvement, qu'elle pût les moissonner tous à la fois? *C'est là ce qui fut voté d'abord.* L'impossibilité en fut démontrée, après une discussion de trois heures avec les chefs de la force armée.

« Cependant un très-grand nombre de rebelles étoit « jugé : il fut décidé que soixante des plus coupables se- « roient foudroyés le lendemain. Des plus coupables! Jugez, « Citoyens, quelle devoit être la nature de leurs crimes !

« Voilà quels sont ceux dont on veut que vous regrettiez « la fin, ceux qu'on voudroit rendre à la vie ! Citoyens, « vous ne seriez pas ici à délibérer sur l'intérêt qu'on at- « tache à leurs derniers momens, si leurs vœux parricides « avoient été exaucés.

« Ils ont multiplié ces vœux exécrables pendant tout le « trajet qu'ils firent vers la mort; et ceux-là sans doute « qui entendirent les horribles imprécations par eux élan- « cées contre la République, à leurs derniers soupirs, « doivent regretter que la vie de ces monstres ne fût pas « terminée aussi promptement qu'elle devoit l'être. Trois « décharges de mousqueterie étoient préparées pour ter- « miner leur sort; le feu du canon s'y joignit ce jour-là ; « mais ces dispositions terribles ne furent pas assez rapides, « et leur mort a duré trop long-temps. Deux d'entre eux « s'étoient échappés; ils ont été fusillés en fuyant, à quel- « que distance du lieu de l'exécution. Voilà la vérité.

« Le peuple, avons-nous dit, est toujours magnanime, « même en frappant ses plus cruels ennemis. Les effets de « sa justice doivent être aussi prompts que la foudre, et « ne laisser que le néant et des cendres partout où elle a « passé. C'est avec cette rapidité *que les autres exécu- « tions* ont été faites depuis; il n'y eut pour les coupables « que l'intervalle d'un signe entre la vie et la mort; ils en « sont eux-mêmes tellement prévenus et certains, qu'après « le jugement prononcé, ils ont demandé plus d'une fois,

« avec une sorte d'inquiétude, quel genre de mort leur « étoit réservé : celui dont la tête devoit tomber sous l'ins- « trument ordinaire témoignoit un mouvement de douleur « et d'abattement que les spectateurs ont toujours re mar- « qué, et que n'éprouvoient pas ceux qui ont subi les exé- « cutions militaires.

« Citoyens, il reste à plusieurs d'entre vous des inquié- « tudes sur les *formes* adoptées par vos commissaires. « Les formes ? les voici : reconnoître les coupables, les ju- « ger, les faire punir de la manière la plus prompte.... « Toutes les formes se réduisent donc à les *reconnoître*, « et c'est en cela que la commission a donné l'exemple d'un « grand courage. Pressés dans les prisons, les coupables « se sont concertés souvent pour ne pas répondre alors « qu'on les appelle ; les juges ont souvent été les chercher, « s'exposant au milieu d'eux, et ne quittant qu'après s'ê- « tre bien assurés de l'identité des personnes. *Vos collè- « gues* ont *loué* en cela leur intrépidité, et pourtant on « leur en a fait un reproche !.... Aucun peuple n'a donné « des formes plus augustes et plus solennelles à l'expres- « sion de la justice nationale, que celles consacrées dans « les jugemens de la commission révolutionnaire à *Com- « mune-Affranchie*. Il y a, dit-on, peu de témoins aux « interrogatoires ; nous le croyons : peu de spectateurs s'y « produisent. Ce qui les en éloigne en grand nombre, c'est « peut-être la crainte de rencontrer dans les accusés des « hommes qui deviendroient leurs accusateurs. Aussitôt « que la conscience des juges est instruite, et le crime re- « connu, les accusés sont réunis dans une salle particulière, « jusqu'à ce que les opinions des juges soient formées ; on

« les appelle ensuite, on les traduit devant le peuple, sur « la place publique, sous la voûte de la nature. Là, le tri- « bunal entier se transporte, et prononce sur le sort des « coupables. Le canon ne s'est fait entendre, depuis la pre- « mière exécution, que pour donner plus de solennité à « la proclamation des jugemens. Presque toujours il est « arrivé qu'après le jugement prononcé, les coupables ont « quitté le masque qu'ils avoient pris devant les juges : « n'ayant plus d'espoir, ils se montrent à découvert, et, « dans leurs derniers instans, *l'exécrable cri des Royalistes* « leur sert de ralliement.

« Quelques-uns des plus dissimulés, de ceux qui étoient « les plus difficiles à pénétrer et à reconnoître, se sont « avoués coupables avec franchise, et ont cherché en mou- « rant à inspirer quelqu'intérêt pour leurs complices. « Quelles preuves peuvent être plus fortes pour vous con- « vaincre, Citoyens, que cette commission redoutable ne « frappe que les vrais ennemis du peuple ? Un sentiment « universel lui en a plus d'une fois donné le témoignage, « et souvent, après les jugemens prononcés, on s'est écrié « sur la place, par une sorte d'inspiration subite et naïve : « *Voilà un veritable tribunal de Sans-Culottes !*

« Eh ! quels sont donc ceux qui implorent ici la nature, « la morale et l'humanité ! En sont-ils les fidèles amis, les « vrais partisans ?

« Qui sont-ils, enfin, ceux qui se tenoient là hier à cette « barre, pendant que tous les Patriotes de *Commune-* « *Affranchie* fêtoient le martyre de Challier, et arrosoient « de leurs pleurs sincères l'urne sacrée qui contient ses os- « semens et sa dépouille mortelle ? Est-ce le remords qui

« les a éloignés de cette fête religieuse ? Il faut le croire ; « s'ils eussent été les amis de Challier, ils n'auroient pas « fui les honneurs décernés à ses mânes révérées et à sa « glorieuse mémoire. »

A peine est-il nécessaire de comparer cette *défense* de Collot avec les aveux plus francs de son complice ; par exemple, avec les expressions de Pilot, dans une lettre *confidentielle* à Robespierre. « La guillotine, la fusillade « ne vont pas mal : *soixante*, *quatre-vingts*, *deux cents* « à la fois, sont fusillés, et tous les jours on a le plus grand « soin d'en mettre de suite en état d'arrestation, pour ne « pas laisser de vide aux prisons...... Et dans une lettre d'Achard : « Quelles *délices* tu aurois goûtées, si tu eusses « vu avant-hier cette justice nationale de *deux cent neuf* « scélérats ! Quel ciment pour la République ! En voilà « déjà plus de *cinq cents*, encore *deux fois autant* y « passeront sans doute, *et puis ça ira* ! » (Moniteur, 27 février 1795.)

Ce Pilot, Dorfeuil, Achard, Bertrand, Emery, etc., composoient la commission révolutionnaire qui travailloit sous Collot et Fouché, et partageoient leur confiance, leur estime et leur respect ! Il nous suffit d'avoir connoissance de faits avoués par Collot et Fouché, de bouche et par écrit. Nous voyons que Collot reconnoît que les exécutions *commencèrent* par le massacre de *soixante* personnes, et que d'*autres* exécutions pareilles les suivirent de près. Nous voyons Fouché, incidemment, et comme par post-scriptum, faire allusion à l'une de ces exécutions où il présidoit, et où périrent deux cent trente Lyonnais. Nous découvrons les *formes* de la procédure et du supplice, le *petit nombre* de témoins, *l'accumalation* des prisonniers, la *mousqueterie*, le *canon* ! Et pour couronner le tout, nous entendons exprimer le souhait, même le vœu formel de ces *Nérons Révolutionnaires*, d'anéantir tous les citoyens d'un seul coup ! Mais pourquoi outrager la mémoire de Néron? Non, jamais il n'exista de monstres aussi dépourvus de remords que ceux qu'a produits cette fatale révolution : jamais il n'y eut un *siècle de sang*, tel que celui où ont vécu les spectateurs de ces vingt-six dernières années.

Nous ne prétendons point rappeler toutes les horreurs qu'offre la lamentable histoire de cette ville jadis florissante. C'est un fait notoire, que la Convention décréta que le nom même en seroit aboli, et qu'on éleveroit une colonne avec cette inscription : *Lyon n'est plus*. C'est un fait notoire, que cette atroce inscription ne fut que trop bien justifiée par la démolition des superbes édifices de cette ville, le pillage de ses richesses, et le massacre de sa population. « Le nom de Lyon » disoit un membre éloquent du conseil des Cinq-Cents (nommé depuis à la chambre des députés), « ne sera jamais prononcé par la postérité, « qu'avec une sorte de vénération ; que quelqu'un jette « ses regards sur nos champs abreuvés du sang de nos « frères, sur nos remparts abattus, nos ateliers déserts, « et sur les misérables ruines de notre industrie, et il dé-« couvrira dans le courage et le zèle de mes concitoyens, « la cause de tous ces désastres. »

Mais ni les vertus, ni les souffrances des citoyens de cette ville infortunée n'arrêtèrent Fouché dans l'œuvre de destruction qu'il poursuivit inexorablement, aussi long-temps que dura sa mission. Ecoutez ses propres paroles. Le 13 février 1794, il écrivoit :

« Nous rendons compte chaque jour au Comité de « Salut public de toutes nos opérations; elles ne cessent « d'être la conséquence rigoureuse des principes qui vous « ont dicté le décret énergique que vous avez rendu contre « Lyon; elles sont dans une correspondance intime avec « la résolution forte que le peuple a manifestée par votre « organe, de faire servir cette ville rebelle d'exemple à « toutes les communes qui voudroient imiter sa criminelle « audace, et d'offrir à la postérité le tableau effrayant de « ses vastes *ruines*, comme le témoignage le plus terrible « de la *colère républicaine, et du pouvoir démocratique.* (Moniteur, 19 février 1794.)

Le 18 du même mois, lui et son associé s'exprimoient ainsi pour justifier le Tribunal révolutionnaire qui condamnoit journellement à Lyon ses meurtres juridiques.

Les Représentans du peuple envoyés dans Commune-Affranchie *pour y assurer le* bonheur *du peuple*, etc.

« Citoyens collègues,

« Il nous est difficile de vous exprimer combien nos « *cœurs* sont *attristés* de l'*excessive indulgence* avec la-« quelle vous souffrez qu'on vienne impunément à votre « barre enlever la confiance et le *respect* public aux hom-« mes *vertueux*, qui servent avec le plus d'ardeur et de « constance les principes et la marche de la révolution. « C'est pour la seconde fois qu'on ose se présenter devant

« vous pour couvrir d'accusations impures la Commission « révolutionnaire de *Commune-Affranchie*. Ce Tribunal, « Citoyens collègues, mérite toute votre *estime*. Considé- « rez les personnes qui le calomnient; interrogez à son « égard celles en qui vous avez mis votre confiance; elles « vous diront avec quel dévouement *pur* il remplit ses ri- « goureux devoirs, avec quelle *religieuse* méditation les « accusés sont examinés, avec quelle courageuse *impar-* « *tialité* le juge descend dans leur pensée la plus intime, « dans leur conscience, pour en suivre tous les mouvemens. « Les jugemens de ce Tribunal peuvent effrayer le crime, « mais ils rassurent et *consolent* le peuple qui les entend « et qui les *applaudit*. C'est à tort qu'on pense nous faire « les honneurs *d'un* sursis, *nous n'en avons point ac-* « *cordé*. Notre confiance est sans bornes et sans réserve « dans *l'austère probité* du Tribunal, et nous n'oublierons « jamais les principes à ce point de croire que nous ayons « le droit de suspendre le cours de la justice. On cherche « en vain de toutes les manières à intéresser notre *sensi-* « *bilité*, à affoiblir l'énergie de notre caractère; nous nous « enveloppons avec la Patrie, nous resterons forts et im- « passibles avec elle, etc. »

Commune-Affranchie, 30 pluviôse an II.

Signé FOUCHÉ, LAPORTE, MEAULLE.

(*Moniteur*, 25 février 1794).

Une autre lettre du 11 mars suivant est également digne d'attention.

Les Représentans du peuple envoyés dans Commune-Affranchie *pour y assurer* le bonheur *du peuple*, etc.

« Citoyens collègues,

« La justice aura bientôt achevé son cours terrible dans « cette cité rebelle. Il existe encore quelques complices de « la révolte lyonnaise : nous allons les *lancer sous la fou-« dre.* Il faut que tout ce qui fit la guerre à la liberté, tout « ce qui fut opposé à la République, ne présente aux yeux « des Républicains que des *cendres* et des *décombres*. C'est « sur les *tombeaux* de l'orgueil révolté et des priviléges « oppresseurs que nous venons de célébrer la fête de l'é-« galité. Dans la fête qui eut lieu hier, nous avons observé « tous les mouvemens ; nous avons vu le peuple *applaudir* « à tout ce qui portoit un caractère de *sévérité*, à tout ce « qui pouvoit réveiller des idées *fortes*, *terribles* ou *tou-« chantes*. Le tableau qu'offroit la Commission révolu-« tionnaire, suivie de deux exécuteurs de la justice natio-« nale, tenant en main *la hache de la mort*, a excité les « cris de sa *sensibilité* et de sa reconnoissance. L'opu-« lence, qui fut si long-temps et si exclusivement le patri-« moine du vice et du crime, est *restituée* au peuple ; vous « en êtes les dispensateurs ; les propriétés du riche conspi-« rateur lyonnais acquises à la République sont *immen-« ses*, et elles peuvent porter le bien-être et l'aisance « parmi des milliers de Républicains. Ordonnez prompte-« ment cette répartition ; ne souffrez pas que des *fripons « enrichis* enlèvent dans des ventes scandaleuses les *pro-« priétés* des Sans-Culottes, le *patrimoine* des amis de

« la liberté. Ne faites rien à demi ; osez le réaliser en « entier. »

Signé MEAULE, LA PORTE, FOUCHÉ.

(*Moniteur*, 16 mars 1794.)

Fouché avoit été l'ami de Danton ; mais Robespierre conduisit Danton à l'échafaud, et aussitôt Fouché félicita la Convention sur cet heureux événement, et transmit une adresse de l'armée révolutionnaire cantonnée à Lyon, qui finit par ces mots : « Vive à jamais la Convention na- « tionale ! Vive la *Montagne!* Vivent les Jacobins ! Vive la « République, démocratique, une et indivisible, et impé- « rissable ! Mort à tous les tyrans, à tous les *scélérats* « *corrupteurs du peuple!* (Moniteur, 1er avril 1794.)

Le 8 avril Fouché revint à Paris, et rendit compte de sa mission à la Société des Jacobins. Il fit plusieurs observations « pour prouver la nécessité des mesures qu'il avoit « prises, et des *punitions* qu'il avoit infligées. » Il démontra aussi « que le sang du crime *fertilise le sol de la li-* « *berté*, et établit le pouvoir sur d'inébranlables fonde- « mens. » Digne appréciateur de cette lumineuse doctrine, « Robespierre rendit hommage au patriotisme de ce ré- « présentant. » Un citoyen demanda à parler contre Fouché, mais Robespierre et son parti lui ayant fermé la bouche, il se retira. (*Moniteur* du 13 avril 1794.)

On devoit s'attendre qu'un républicain si zélé, un si pur adorateur de la Montagne, recevroit bientôt toutes les distinctions que « la Société des amis de l'Egalité et de la « Liberté, séante aux ci-devant Jacobins, » pouvoit conférer. En effet, le 4 juin 1794, le Citoyen Fouché eut l'honneur d'être choisi unanimement pour présider ce corps distingué. (*Moniteur* du 10 juin 1794.) Il paroît que cette élévation le mit dans un contact trop étroit avec Robespierre, qui, semblable au sultan, ne pouvoit souffrir un de ses frères près du trône. Il survint entr'eux quelques légers différends, et les Jacobins, toujours fidèles à Maximilien, le Napoléon de son temps, lancèrent le 4 juillet un décret d'expulsion contre Fouché; mais on touchoit à la crise qui renversa le pouvoir du tyran. Le Septembriseur Parris, informé que Robespierre l'avoit inscrit sur la fatale liste, l'attaqua dans la Convention, tant sur ce fait que sur l'expulsion de Fouché. Celui-ci prit peu de part à la querelle; mais le tyran tomba, et les Jacobins réinstallèrent aussitôt ceux qu'il venoit de chasser. Soudain un grand changement s'opéra dans le langage des hommes qui se vantoient naguère de leur sévérité inflexible, et ils commencèrent à rejeter le blâme des cruautés dont on se plaignoit sur Robespierre qui n'étoit plus. Ainsi Fouché parle « de la profonde douleur dont il est pénétré « en contemplant les horreurs qui avoient eu lieu, pen- « dant les trois derniers mois, à Lyon, » et il les attribue tous « au brigandage féroce exercé au nom de Maximi- « lien Ier. » (*Moniteur* du 25 août.)

Mais un pamphlet qui avoit pour titre : *la Queue de Robespierre*, et qui démontroit quelques-uns des crimes de ceux qui avoient survécu au tyran, ayant été publié quelque temps après, Fouché dénonça cet écrit comme un libelle, et fit un dernier effort pour faire revivre le règne de la terreur. « Je ne rappelais ce fait, dit-il, que pour « en tirer des réflexions sérieuses sur le système de *sensi-*

« *bilité fausse et hypocrite* qui se développe depuis quel-« que temps, que pour démontrer la nécessité d'établir *la* « *terreur* dans l'âme du méchant comme dans les camps de « nos ennemis, et que toute pensée d'indulgence, de mo-« dération, est une pensée contre-révolutionnaire. » (*Moniteur* du 5 septembre 1794.)

A cette époque les Jacobins commencèrent à se diviser en différentes factions, se dénonçant mutuellement les uns les autres. Tallien commença par dénoncer Babeuf, mais il ajouta que Babeuf n'étoit qu'un jouet entre les mains de Fouché occupé à corriger ses écrits incendiaires. Fouché avoua ses rapports avec Babeuf. « Un républicain, dit-il, « ne doit compte de ses relations qu'à la loi. Je suis prêt « à les faire connoître quand elle me l'ordonnera. *Il n'en* « *est pas une qui ne m'honore*. Assez d'autres ont des « relations avec la fortune et le pouvoir, il n'est pas encore « défendu d'en avoir avec le malheur opprimé. Oui, j'ai eu des relations avec Babeuf. Au reste *les actions de toute* « *ma vie défient les calomnies de mes ennemis*. » (Moniteur, 31 Janvier 1795.)

Tallien continua à le poursuivre par de nouvelles attaques pendant quelques mois. Le 2 Avril il demanda qu'il fût arrêté conjointement avec Thuriot, Cambon, et Lecointre. Un grand nombre de dénonciations furent envoyées contre lui, à la Convention, de tous les départemens où il avoit été en mission. Ce fut alors que parurent la *Dénonciation des Bretons*, le *Cri de vengeance des Lyonnais*, et beaucoup d'autres écrits de ce genre. Les citoyens même de la commune de Gannat dans le département de l'Allier où il n'avoit été que *cinq* jours, étoient si exaspérés contre lui qu'ils le dénoncèrent à la Convention dans les termes qui suivent :

« Représentans, déjà nous avons dénoncé Fouché de « Nantes, le premier qui dans notre département prêcha la « dépravation des mœurs, démoralisa le peuple, organisa « la Commission temporaire de Lyon, qui sans jugement « fit égorger trente-deux détenus de Moulins, et par suite « ravit aux départements de la Nièvre et de l'Allier, l'or et « l'argent des particuliers. Représentans, croyez en des « hommes purs qui vous réclament justice : *vous la leur « devez, et à tous les Français ; que les chefs du terro- « risme périssent ; que leurs suppôts soient pour ja- « mais déclarés incapables d'exercer aucune fonction « publique.* Si vous êtes sourds à nos réclamations, son- « gez que de plus grands dangers vous menacent. » (*Moniteur* du 14 Juin 1795.)

Une autre dénonciation fut signée par toutes les autorités constituées du département de la Nièvre et par plus de deux cents particuliers ; elle fut appuyée par les procès-verbaux des séances publiques de différentes administrations, dans lesquels il est fait mention de propositions faites, ou d'arrêtés pris par Fouché, qui se trouvèrent absolument semblables à ce que nous avons déjà extrait de ses écrits datés de Lyon ; il s'adressa par exemple, de la manière suivante, aux administrateurs du département de la Nièvre : « Que la foudre éclate par *humanité !* ayons « le courage de marcher sur des cadavres pour arriver à la « liberté etc. » (*Moniteur* du 14 août 1795.)

Fouché paroît avoir compté plutôt sur l'intrigue que sur le courage pour détourner cette tempête. Il avoit sans doute quelques exemples alarmans devant les yeux. Carrier, le Bon, et autres, qui avoient déployé la même énergie républicaine, avoient été arrêtés, traduits devant le tribunal révolutionnaire et avoient péri sous la guillotine. Il abandonna donc Babeuf et rechercha la protection de Tallien qui entreprit sa défense.

Dans le *Moniteur* du 12 avril de cette année, on voit un rapport par Fouché, qui dit :

« La malveillance a répandu les plus invraisemblables, « les plus dégoûtantes impostures sur ma mission dans les « départemens de l'Allier et de la Nièvre. J'ai passé cinq « jours dans le premier et trois mois dans le second. L'é- « poque étoit orageuse : j'ai ordonné des mesures sévères « que les circonstances et les décrets commandoient impé- « rieusement. *Mes actes sont publics*; ils sont signés de « mes collègues Laporte et Méaulle ; ils ont été imprimés « et distribués à la Convention nationale : ils sont gravés « dans les *cœurs* des bons citoyens de Lyon.

« *Signé* FOUCHÉ DE NANTES.

Le 9 août 1795, un rapport fut fait à la Convention sur les diverses accusations intentées contre lui, il fut successivement attaqué par le Sage, d'Eure-et-Loir, et par Boissy-d'Anglas, et défendu par Tallien, le Gendre, Merlin, etc. etc. Fouché réclamoit l'honneur d'être un de ceux qui avoient contribué à la chute de Robespierre, Boissy nia le fait, voici ce qu'ils disoient :

Le Sage. Tout le monde sait que quand les tyrans se « sont servis d'un instrument, ils le brisent. Robespierre « voulut briser les siens, il ne réussit pas, il fut anéanti.

« *Boissy-d'Anglas.* Fouché n'a point eu de part au « 9 thermidor : cette journée fut trop belle pour avoir été « déshonorée par son secours.

« *Bion.* La dénonciation contre Fouché n'est point, « comme l'a dit Merlino, signée de quelques particuliers « que l'on a payés, mais bien de toutes les autorités cons- « tituées du département de la Nièvre, et de plus de deux « cents citoyens. J'ai parcouru le département de la Nièvre ; « des plaintes de toutes parts s'élèvent contre Fouché. »

Malgré tous les efforts de ses défenseurs, son arrestation fut décrétée par une grande majorité, et il fut chassé de la Convention nationale, comme « voleur et terroriste, dont « la conduite atroce et criminelle communiqueroit le dé- « shonneur et l'opprobre à toute assemblée quelconque « dont il deviendroit membre. »

Combien il eût été heureux pour le genre humain que cette arrestation eût été suivie d'un procès en forme. On eût alors vu quelles réponses il eût pu faire aux accusations portées contre lui, dans un moment où les faits étoient récens et les preuves faciles à obtenir ; mais là où chacun se sent coupable, une grande indulgence est ordinairement montrée envers le crime. Fouché demeura en état d'arrestation jusqu'au vingt-six d'octobre, époque à laquelle la Convention nationale, en résignant ses pouvoirs aux Corps-Législatifs établis par la constitution de cette année, publia une amnistie générale.

Depuis octobre 1795 jusqu'en septembre 1797, nous perdons Fouché de vue. Sa vie publique a cessé pour un temps, et nous ne prétendons point mettre au jour les vices de sa vie privée. Le 4 de septembre, les triumvirs ainsi qu'on les nommoit, Barras, La Revélière et Rewbel avoient réussi à éloigner leurs deux collègues du Directoire, et à exiler Pichegru et plusieurs membres du Corps-Législatif. Fouché trouva un protecteur dans Barras, homme d'un caractère semblable au sien : appuyé d'un tel patron, Fouché, après avoir rempli quelques emplois subalternes, fut nommé ambassadeur près de la République cisalpine. (*Moniteur*, du 15 Vendémiaire an 7). Il paroît que les habitans de cette nouvelle République n'avoient pas grande confiance dans sa durée. Fouché, qui commençoit alors à reprendre un peu de son ton de Lyon, exhorta les Directeurs italiens à déployer plus d'énergie : « Citoyens Di-« recteurs, leur dit-il, élevez vos âmes au niveau des « évènemens, ne vous inquiétez pas de l'avenir. La soli-« dité des Républiques est dans la nature des choses. La « victoire et la liberté couvriront le monde. » (*Moniteur*, 29 frimaire an 7).

Il paroît qu'en cette occasion, Fouché agissoit de concert avec le commandant en chef de l'armée d'Italie, le général Joubert, contre le parti que soutenoient Rewbell et Merlin. Cette conduite le fit rappeler avec quelque marque de mécontentement. Deux décrets furent rendus à cet effet par le Directoire français, le dernier desquels lui ordonnoit expressément de quitter le territoire de la République cisalpine. Son successeur Rivaud saisit cette occasion de l'insulter, en requérant par écrit le Directoire cisalpin de s'adresser à lui, en cas que Fouché refusât d'obéir au décret. Mais il étoit trop adroit pour s'arrêter à ce parti. Il revint sur le champ à Paris, où il eut la satisfaction de trouver le crédit de Merlin et de Rewbell sur son déclin. Peu de mois après, Rewbell, Merlin, Treilhard et La Revélière forcés de quitter le Directoire, furent remplacés par Sieyes, Ducos, Gohier, et Moulin. Le commandement militaire de Paris fut confié au Général Joubert; et Fouché, nommé d'abord ambassadeur en Hollande, fut ensuite placé à la tête du ministère de la police.

Les temps avoient bien changé depuis 1794, et le nouveau ministre de la police adapta son langage à ce changement. Il débuta par une proclamation adressée aux citoyens français, dans laquelle il leur disoit, qu'il avoit pris l'engagement «de veiller pour tous et sur tous, pour « rétablir la tranquillité intérieure, et mettre un terme aux « *massacres!* » (*Moniteur*, du 17 thermidor an 7). Les mesures adoptées par la Société des Jacobins avoient alarmé les Directeurs. Ils engagèrent Fouché, *ancien président* de ce corps respectable, à lui porter le premier coup. En conséquence il fit un rapport sur la nécessité de prendre des mesures législatives, pour autoriser ou restreindre les sociétés populaires en général. Il dit dans cette production, que « Les haines, affoiblies par le bienfait du temps, « ont été ravivées soudain avec une activité nouvelle; des « souvenirs effacés à peine, rappelés par le plus effrayant « appareil, les proscriptions passées reproduites à l'imagi- « nation par l'annonce de proscriptions nouvelles, les ac- « cusations devenues tout-à-coup générales et déréglées; « les coupables se sont confondus avec habileté dans la « foule. » (*Moniteur*, 19 thermidor an 7).

Ce rapport, comme on devoit s'y attendre, excita de violentes clameurs dans la Société des Jacobins, et parut surtout choquer excessivement le patriotisme de Felix le

Pelletier (l'un des rebelles désignés à la justice par l'ordonnance royale du mois de juillet dernier) : Il fut aussi attaqué avec chaleur dans le conseil des Cinq-Cents. Afin d'en contrebalancer l'effet dans l'opinion publique, Fouché, peu de jours après, présenta un rapport contre les *royalistès* du Morbihan et des départemens voisins. (*Moniteur* du 9 fructidor an 7). Mais un coup plus hardi et plus décisif, fut la soudaine suppression de onze journaux des plus accrédités, la saisie de leurs presses, et l'arrestation des auteurs, sous prétexte qu'ils « semoient la division entre « tous les citoyens, les établissoient à force de les suppo- « ser, déchiroient toutes les réputations, calomnioient « toutes les intentions, fomentoient tous les partis, ra- « nimoient toutes les factions, réchauffoient toutes les « haines, etc. (*Moniteur*, 19 fructidor an 7).

Toutes ces mesures, assez extraordinaires aux yeux de ceux qui connoissoient sa conduite précédente, le rendirent l'objet de quelques remarques sévères, auxquelles lui ou ses amis crurent nécessaire de répondre. En conséquence, l'article suivant fut inséré dans le *Moniteur* du 23 de ce mois.

« Le Citoyen Fouché soutient aujourd'hui, dans le mi- « nistère de la police, la même fermeté de caractère qu'on « l'a vu déployer dans le cours de la révolution. Patriote « ardent en 1789; Républicain prononcé en 1792 ; luttant « contre Robespierre aux Jacobins en 1793 ; proscrit après « le 9 thermidor par la réaction; appelé le 13 vendémiaire « par le premier Directoire pour remplir une mission sur « les frontières d'Espagne; exilé, au retour de sa mission, « comme *Terroriste* dans la vallée de Montmorency;

« nommé après le 18 fructidor ambassadeur à Milan ; rap-
« pelé de cette ambassade comme rebelle à la volonté de
« ceux qui vouloient enchaîner la liberté du peuple cisal-
« pin, il revenoit à Paris chargé de fers, si Joubert, dont
« il étoit l'ami, ne s'y fût opposé. Après le 30 prairial, le
« nouveau Directoire le nomma ministre en Hollande, et
« puis ministre de la police générale. Et voilà l'homme que
« les factions voudroient nous présenter comme un ennemi
« de la République et de la liberté ! » (*Moniteur*, 23 fructidor an 7.)

La chute de Rewbell fut comme le prélude de l'extinction du pouvoir directorial. Sieyes intrigua avec Buonaparte, et Roger-Ducos entra dans le complot. Le 18 brumaire (8 novembre 1799) arriva, et les visions de liberté et d'égalité s'évanouirent dans le despotisme militaire. Fouché se présenta l'un des premiers pour adorer le soleil levant. Son grand objet étoit de conserver sa place de ministre de la police. Son premier patron, Barras, avoit été contraint de se retirer, et Buonaparte insulta à sa chute, par ces paroles remarquables, et qui s'appliquent à lui-même d'une manière si frappante, qu'il nous semble presque entendre Louis XVIII, s'adressant au fugitif de Waterloo : « Qu'avez-vous fait de cette France que je
« vous ai laissée si brillante? Je vous ai laissé la paix, j'ai
« retrouvé la guerre; je vous ai laissé des victoires, j'ai
« retrouvé des revers; je vous ai laissé des millions, et j'ai
« trouvé partout des lois spoliatrices et la misère. Qu'avez-
« vous fait de cent mille Français que je connoissois ? Ils
« sont morts ! » (*Moniteur*, 20 brumaire an 8.)

Buonaparte ne parut d'abord qu'au troisième rang dans

la Commission consulaire nommée par le Conseil des Cinq-cents en cet ordre, Sieyes, Roger-Ducos et Buonaparte. Ce dernier cependant publia en son propre nom, comme général en chef, une proclamation, qui fut accompagnée de deux autres adressées au peuple, l'une de Cambacérès comme ministre de la justice, l'autre de Fouché comme ministre de la police. Si ces personnages ne se montrèrent point pendant l'orage du 18 et du 19, en revanche ils furent de bonne heure sur pied dans la tranquille matinée du 20. Nous remarquons dans l'adresse de Fouché ce passage curieux : « Le gouvernement fut oppresseur, parce « qu'il fut foible ; celui qui lui succède s'impose le devoir « d'être *fort* pour remplir celui d'être *juste.* » (*Moniteur*, 23 brumaire an 8.)

Et peu de jours après : « La révolution du 18 brumaire, « Citoyens, ne ressemble à aucune de celles qui l'ont pré-« cédée ; elle n'aura point de réaction ; c'est la résolution « du Gouvernement.

« Quand toutes les passions doivent se taire devant la « loi, quand nous devons immoler au désir de la paix inté-« rieure tous nos ressentimens, et que la volonté de le « faire est fortement exprimée par le peuple et par ses « magistrats ; quand ils en donnent le touchant exemple, « il n'est permis à personne de contrarier ce vœu. (*Moniteur*, 24 brumaire an 8.)

« Que celui-là soit flétri, qui voudroit provoquer une « réaction et oseroit en donner le signal. Les réactions « sont le produit de l'injustice et de la foiblesse des gou-« vernemens, il ne peut plus en exister parmi nous, puis-« que nous avons un gouvernement *fort*, ou, ce qui est la

« même chose, un gouvernement *juste.* » (*Moniteur*, 25 brumaire an 8.)

Il est vrai que la *réaction* étoit alors devenue la *terreur* des *Terroristes*, et s'attachoit à leurs pas comme un spectre effrayant. Ces mêmes mécréants qui, semblables à leurs prédécesseurs du temps de la *Jacquerie*, avoient déclaré une guerre d'extermination à tout ce qui possédoit ou des propriétés, ou un rang, ou des connoissances, à la triple aristocratie des richesses, de la naissance et du talent; et qui en effet avoient en France pillé, opprimé ou assassiné tout individu distingué par l'un de ces avantages; ces mêmes monstres révolutionnaires ne se furent pas plutôt revêtus des dépouilles sanglantes de leurs victimes, que la *réaction* devint leur terreur! Et certes, ce n'étoit pas sans fondement; car le jour de la justice viendra sans doute, le jour où celui qui se proclama lui-même assassin et athée, le féroce boucher des Lyonnais sera donné à l'univers en spectacle d'épouvante, comme un exemple terrible de la vengeance du ciel et des hommes. Mais, pour reprendre notre narration, on peut remarquer que ce désaveu de tout projet de réaction n'empêcha pas les nouveaux Consuls de suivre la louable coutume de leurs prédécesseurs, dans les *beaux jours* de la révolution, en déportant à la Guyane française, de leur propre autorité, et sans aucune forme de procès, les citoyens dont la conduite leur déplaisoit particulièrement. Trente-six individus furent ainsi traités en vertu d'un décret inséré dans le *Moniteur* du 29 brumaire an 8.

Le grand nombre de rapports et d'adresses que publia le ministre de la police dans l'intervalle de peu de jours, prouvoient assez son zèle et son dévoûment à ses nouveaux maîtres. Le passage suivant, extrait de l'une de ces pièces, est remarquable sous un autre point de vue, comme vénant de la plume du ci-devant député en mission à Lyon. « Aucune des mesures que la sûreté publique exige ne « commande l'*inhumanité*, et ce ne doit pas être en vain « que la nature a imprimé à la vieillesse et au malheur un « caractère respectable. » (*Moniteur*, 11 frimaire an 8.)

La France, peu de semaines après, reçut une nouvelle constitution. Les deux premiers membres de la Commission consulaire se retirèrent modestement; et Buonaparte parut sur la liste en qualité de premier *Consul* pour dix ans, avec Cambacérès et Lebrun : ce changement n'en apporta aucun dans la position du ministre de la police. Tel que le vicaire de Bray, il résolut de se prêter à tous les mouvemens qui le laisseroient en possession de son ministère. On abandonna par degrés le costume républicain, et (ce qui eût semblé un peu étrange dans les jours d'égalité) il fixa par un arrêté les différens jours d'audience pour le Sénat, le Corps législatif, le Tribunat, les fonctionnaires publics et les autres Citoyens. (*Moniteur* du 24 nivose an 8.)

Il est inutile d'ajouter qu'à mesure que son maître Buonaparte s'élevoit, le Citoyen Fouché acquit successivement de nouvelles dignités. Il fut fait sénateur, grand aigle de la légion d'honneur, gouverneur de Rome, duc d'Otrante ! Il est également étranger à notre dessein d'examiner les reproches auxquels donna lieu son administration de la police, qui dura jusqu'en juin 1810, à l'exception de vingt-un mois, pendant lesquels ce département fut réuni au ministère de la justice. Fouché se rendit certainement très-utile à celui qui l'employoit, par les mesures qu'il prit relativement aux émigrés, au clergé, aux Vendéens, aux journaux, aux théâtres, aux domestiques du palais, ainsi que dans les affaires de sir Thomas Rumbold, de M. Drake, du baron Kolli, d'Arena, de Georges, de Pichegru, de Moreau et du duc d'Enghien ! Comme sénateur aussi, il ne lui fut pas inutile, en votant ces horribles conscriptions qui, chaque année, condamnoient la fleur de la jeunesse française *à la rapide faux de la mort;* ou en dressant ces vénales et détestables adresses qui servoient à couvrir ces massacres du voile d'une fausse gloire. En un mot, il se montra le digne instrument d'un infâme despote, d'un Corse qui dégradoit le caractère national, ternissoit l'honneur français, et souilloit le trône de Henri IV et de S. Louis. Nous ne le suivrons pas dans le fangeux labyrinthe des secrètes intrigues du ministère confié à ses soins. Elles sont peintes avec force dans l'ouvrage intitulé : *la police de Fouché dévoilée;* mais, ne pouvant répondre de l'authenticité des faits contenus dans cet ouvrage, nous nous bornerons, sans en rien citer, à engager nos lecteurs à le parcourir. Tout ce que nous observerons est que, né sans fortune, il est devenu l'un des plus riches particuliers de France ! Quand, comment, a-t-il accumulé ces richesses? Etoit-ce lorsqu'il pilloit les églises et les châteaux du département de la Nièvre ? Etoit-ce lorsqu'il débarrassoit les bons citoyens de *leurs superfluités, ces marques de réprobation?* Etoit-ce durant le cours de la justice républicaine qu'il exerçoit si scrupuleusement contre *tous les riches habitans de Lyon, en transférant leurs biens aux* *légitimes propriétaires les Sans-Cutottes?* Etoit-ce lorsqu'il possédoit le pouvoir, par la terreur de la police, d'imposer de secrètes contributions sur la moitié des habitans de la France? A quelle époque enfin notre héros jugea-t-il convenable de relever de *la boue les dieux de la Monarchie*, et d'abandonner *le culte des divinités républicaines*; c'est ce que nous ne saurions déterminer : mais certainement il ne put jamais accumuler par d'honorables voies ses immenses richesses. Nous le répétons cependant, nous n'entendons tirer aucune conséquence de ces remarques, et nos objections reposent sur un fondement bien moins douteux; savoir, sur les preuves qu'il invoque lui-même, et que lui-même il a fournies. « Mes actions sont, « dit-il, des actes publics : ils sont signés de mes collègues « Laporte et Méaulle; ils ont été imprimés et distribués à « la Convention nationale; ils sont gravés dans tous les « *cœurs* * des bons citoyens de Lyon. » (*Moniteur* du 12 avril 1795.)

Eh bien donc, c'est à ces actions publiques, c'est aux *cœurs* des bons citoyens de Lyon, qui en furent témoins, qui ont survécu pour nous en raconter l'épouvantable histoire, que nous en appelons avec confiance. Notre objet est trop sérieux, pour que nous nous permettions de puiser dans les registres de la calomnie. C'est la vérité pure et simple que nous cherchons : notre désir est qu'elle éclate aux yeux du monde entier; mais surtout aux yeux de la nation dont les vertus domestiques sont placées sous la

* « Cela n'est que trop vrai : ils ont été *gravés* littéralement par le « poignard dans beaucoup de cœurs. «

sauve-garde de cet homme ! C'est aux Français à juger, si, tandis que la police et la presse seront entre les mains d'un tel monstre, ils peuvent jamais espérer d'être éclairés ou vertueux ?

Mais ces observations nous ont un moment fait interrompre l'ordre historique, que nous nous étions prescrits. Nous avons vu plus d'une fois, que pendant que notre héros servoit ostensiblement un parti, il se ménageoit sous main les bonnes grâces d'un autre. Ce fut une petite ruse de cette espèce, qui attira sur lui en 1810, la colère du grand Napoléon, qui néanmoins crut à propos de le congédier avec quelque politesse, sous le prétexte de lui confier le gouvernement de Rome.

Fouché de Nantes, en cette occasion, fidèle à son ancienne pratique, baisa la verge qui le frappoit ; et avec quel profond dégoût ne lisons-nous pas les basses adulations, dans sa lettre au tyran.

« Sire,

« J'accepte le gouvernement de Rome, auquel V. M. a « la bonté de *m'élever* pour récompense des foibles services « que j'ai été assez heureux de lui rendre. Je ne dois pas « cependant dissimuler, que j'éprouve une peine très-vive « en m'éloignant d'elle : je perds à la fois le *bonheur*, et « les *lumières*, que je puisais chaque jour dans ses *en-* « *tretiens.* » (*Moniteur*, 4 juin 1810).

Néron, il est vrai, fut flatté aussi grossièrement. Néron fut rassasié d'adulations par ceux :

quos oderat ille,
In quorum facie miseræ magnæque sedebat
Pallor amicitiæ.

Mais ces flatteurs, ces lâches hypocrites, n'avoient pas auparavant fait preuve de leur haine pour tous les souverains quelconques, en massacrant des milliers de leurs concitoyens. Il étoit réservé à nos jours de voir les extrêmes de la rage démocratique et de la servitude des cours, réunis dans le même individu.

Le duc d'Otrante cessa d'être exposé aux regards du public, pendant les trois années suivantes. A la vérité il jouissoit de la sénatorerie d'Aix, mais ce n'étoit pour lui qu'une bagatelle, 25,000 francs par an tout au plus. Un seul *domaine national* lui produisoit un revenu dix fois plus considérable, et il en possédoit plusieurs. Au commencement de 1814, nous le retrouvons jouant en Italie son ancien jeu, intrigant, et agissant avec zèle en apparence, en faveur de Buonaparte, dont la cause n'étoit pas encore entièrement désespérée, et dont il vouloit par ce moyen, regagner les bonnes grâces. Ainsi, le 18 février, il écrivoit de Lucques.

« Les Révolutionnaires qui gouvernent Florence aujour-
« d'hui, disent hautement que le Roi de Naples s'entend
« avec les Français, qu'il trahit les Italiens. Ils attribuent
« à mes conseils l'inaction des troupes napolitaines, que
« les coalisés vouloient faire marcher contre le vice-roi,
« au moment qu'il alloit être attaqué par le général Belle-
« garde. (Correspondance sur les affaires de Naples, présentée au Parlement, 2 mai 1815, p. 101).

Ce jeu toutefois ne lui réussit pas. Le Roi ayant été rappelé au trône par le vœu de la grande majorité de ses sujets, les rebelles et les dévastateurs de leurs propres pays, frustrés dans leurs espérances, conspirèrent de nouveau contre leur souverain, et contre l'ordre social de l'Europe. Nous possédons des documens particuliers, relatifs au rôle que joua Fouché en cette occasion, mais ils doivent être réservés pour un autre temps; car nous nous sommes imposés le devoir de ne rien avancer qui ne soit public, authentique, incontestable.

Au mois de mars 1815, le tyran déchu fut, une seconde fois, ramené par ses complices au faîte du pouvoir, et Fouché de Nantes devint derechef son ministre de la police. Cela seul étoit un acte de trahison, un crime digne de mort, selon les lois de France. Nous ne dirons rien des mesures qu'il prit alors, en qualité d'homme public, et contre les fidèles sujets du roi, dont il menaçoit la vie et les propriétés. Il est bien connu que les doctrines de 1794 reparoissoient, en théorie et en pratique, comme il arrive toujours lorsque les Jacobins ont le dessus. Ce n'est que quand la justice est près de les atteindre, qu'ils crient contre la *réaction*. Le nouveau Ministre de la police se rendit l'écho des sentimens de son parti. Il publia, le 7 mai 1815, son fameux rapport dans lequel, après avoir fait l'énumération des diverses preuves de loyauté données par *les fidèles sujets du Roi*, il poursuit ainsi: « Si lors« que de semblables symptômes se manifestèrent pour la « première fois en France, on eut arrêté le mal dans son « principe; si au lieu de se borner à des menaces et de « suivre les conseils d'une indulgence températrice, l'au« torité eut déployé toute la puissance dont elle est investie, « la patrie n'auroit pas été entraînée sur le bord de l'abîme, « on n'auroit pas à déplorer les mesures de violence aux« quelles les gouvernemens d'alors furent contraints d'avoir

« recours, et que la gravité des circonstances peut à peine « justifier. *Certes ceux qui attaquent les propriétés et se « livrent à des assassinats, ceux qui rompent tous les « liens qui les attachent à la France, et la dévouent « au fer des étrangers et aux discordes de l'intérieur; « ces hommes n'ont rien de Français!* (Moniteur, 10 mai 18 5).

Nous voici maintenant arrivés à l'époque la plus étonnante de la vie du duc d'Otrante : les rebelles sont abattus, mais auparavant il est placé à la tête du gouvernement par les Jacobins qui se décoroient du titre de Pairs et de Représentans : Le Roi rentre dans sa capitale, et ce même *Père, citoyen, sénateur, duc*, ce meurtrier de Louis XVI, cet homme qui se proclama de sa propre bouche *assassin* et *athée*, Fouché de Nantes enfin, devient ministre de Louis XVIII!!!

Loin de nous d'accuser le meilleur des princes d'être l'auteur d'un tel choix. Il fut sans doute commandé par une nécessité inévitable, par un devoir qui prescrivoit le sacrifice de tout sentiment personnel, au bien de la patrie. *Famœ etiam jactura facienda est pro patriâ.* Ce qui nous reste à dire est d'une nature délicate. Les documens publics sur lesquels reposent nos observations précédentes, nous manquent ici. Puisse quelque membre courageux des corps augustes qui vont s'assembler oser porter le flambeau de la vérité dans les secrettes profondeurs de cette intrigue ténébreuse ! On croit qu'une influence *étrangère* jointe à plusieurs autres circonstances affligeantes, fut le moyen qu'on employa pour forcer Sa Majesté à faire un choix qui ne pouvoit qu'indigner tous les honnètes gens ; quelques-uns ont été jusqu'à dire, que cette influence étoit celle de l'Angleterre. Au nom de notre nation, et appuyés sur la connoissance qu'une longue et attentive observation nous a fait acquérir de ses sentimens, nous désavouons positivement cette assertion, autant du moins qu'elle peut concerner l'*opinion publique*; au contraire, nous ne craignons point d'assurer, que la nomination de Fouché produisit en Angleterre *un mouvement universel de surprise et d'horreur*: et plus même qu'en France; car par différentes causes, sommes-nous peut être mieux instruits de l'histoire de la révolution française, que ne le sont les Français mêmes. Mais s'il existe quelqu'Anglais assez ignorant des crimes de cette révolution, pour s'être laissé induire à recommander au roi le personnage en question; ce ne peut être que l'effet de quelqu'artifice machiavélique, car jamais, certes, une pareille recommandation n'eût été faite par aucun de nos compatriotes à qui la vie et les actions de Fouché, avouées de lui-même, eussent été connues. En preuve de ce que nous avançons, qu'on lise ce mémoire en plein parlement; qu'on le lise dans une assemblée publique quelconque en Angleterre; et qu'ensuite on demande à chaque individu : « Pouvez-vous en honneur et en « conscience, recommander l'auteur de ces crimes, pour « être ministre d'état dans un pays chrétien? » Nous garantirons par notre existence, qu'il ne s'en trouvera pas un seul qui aie la hardiesse de répondre affirmativement.

Au moment où nous écrivions ceci, la nouvelle que cet homme est renvoyé du ministère nous est parvenue: cet événement nous a fait hésiter si nous devions publier cet écrit; mais nous nous sommes bientôt décidés à poursuivre.

Il nous importe peu qu'on nous accuse de manquer de générosité en insultant à un ennemi abattu. Lorsque nous avons pris la plume, il paroissoit être en possession d'un pouvoir *ignominieux* pour la France, et par conséquent *dangereux* pour la paix de l'Europe ; de plus, l'intérêt de la justice et de la morale publique nous inspire un désir ardent que le caractère de cet homme soit généralement connu, et dignement apprécié, surtout par quelques-uns même de nos compatriotes.

L'histoire de Fouché de Nantes est encore l'histoire de tous les terroristes révolutionnaires; et tant que ces hommes, que leurs forfaits, ou leur infamie auroient dû bannir de toute société, continueront de souiller en France les différentes branches d'administration, la révolution de cet infortuné pays continuera, et par suite, la nécessité, pour les nations voisines, de se garantir contre le retour de ses fureurs : que la révolution donc *cesse*, et tout prétexte pour exiger des garanties cessera avec elle.

Louis XVIII, ce digne représentant de Louis XII et d'Henri IV, possède encore plusieurs millions de sujets fidèles, aussi dévoués, aussi loyaux, que ceux d'aucun souverain d'Europe ; d'où viennent donc ces fatals conseils qui ont réussi à séparer un tel monarque de tels sujets ? d'où vient cette perpétuelle intervention des scélérats révolutionnaires, également ennemis des deux, et de l'ordre social des états voisins ? C'est contre *eux seuls* qu'on a besoin de garantie. Que la chute donc de cet assassin de Louis XVI soit le signal de la restauration en France des principes qui ont illustré les innombrables victimes de sa cruauté, et nous osons assurer qu'alors il n'y aura pas un Anglais qui ne repousse avec mépris tout projet hostile à l'indépendance, l'intégrité et l'honneur d'une nation, qui de ce moment offriroit à toute âme noble et élevée, la douce perspective d'une paix durable et d'une mutuelle amitié.

C'est contre la *révolution* française, et non pas contre le peuple Français, que nous avons combattu durant ces vingt-deux dernières années : l'Angleterre n'a jamais cessé d'être l'appui et la protectrice de tout loyal Français : de tous les points de la France, de tous ses établissemens dans la Méditerranée, et de ses colonies dans l'autre hémisphère, les victimes des fureurs révolutionnaires ont fui dans le sein de la Grande-Bretagne; et y ont trouvé un asile : là ont été conservés, pour le jour de la restauration, ses illustres prélats, ses magistrats vénérables, ses pasteurs exemplaires, sa noblesse fidèle, et le sang même de ses rois !

Nous le répétons, la Grande-Bretagne n'a jamais fait la guerre contre la *France de Louis XVIIII*, elle a fait la guerre contre une faction ennemie du genre humain, de son repos, de son bonheur, de ses espérances même; contre une faction dont Fouché est comme le type vivant. On ne finiroit point, si l'on vouloit citer les nombreux passages dans lesquels ce grand homme d'état, l'immortel Edmund Burke, en maintenant la nécessité de respecter la France, insiste sur la nécessité non moins pressante d'extirper le *Jacobinisme* ; loin d'être incompatibles, ces deux choses dans le fait sont identiques. Les Jacobins n'étoient Français que *localement*, ils n'étoient pas Français dans leurs habitudes, leur caractère, leurs sentimens, leurs discours, leur conduite; il faut donc les abattre pour jamais; jusque-là, la guerre n'est point finie; jusque-là, le soin même de sa conservation, première loi de la nature, forcera l'Angleterre à se tenir sur ses gardes. Nous sommes entrés d'autant plus volontiers dans ces détails, qu'en montrant le véritable but de la guerre, ils nous indiquent l'unique voie pour parvenir à une solide et honorable paix. Encore une fois, nous sommes les alliés de S.M.T.C. Louis XVIII; nous sommes les alliés de la monarchie française, de la monarchie investie de ses beaux et justes droits, animée des principes d'honneur qui lui sont propres, soutenue de la puissance et de l'amour de tous les ordres de l'état, ayant la volonté et le *pouvoir* d'étouffer l'hydre de la rébellion et de confondre les conseils d'iniquité : qu'on nous donne une paix fondée sur ces bases, et l'Angleterre ne peut demander au delà.

Mais, pour revenir au sujet de ce *Mémoire*, on peut dire : Pourquoi cette attaque contre un homme qui désire servir enfin son Roi et son pays? Pourquoi? En deux mots, parce que *déshonorer* son pays, c'est le desservir; parce que l'infamie ne sauroit présenter aucun gage d'honneur. Les actions que nous avons rappelées n'admettent que deux explications : il faut que leur auteur ait été ou un *monstre*, ou un *fou*. Les avocats du duc d'Otrante (car la richesse ne manquera jamais d'un avocat) prétendent que lorsqu'il faisoit massacrer chaque jour des centaines de Français il n'étoit que fou; qu'il étoit travaillé d'une fièvre de saison, et que beaucoup d'autres à la même époque n'étoient pas moins frénétiques que lui. Oui, sans doute, et ils ont péri dans le paroxisme de leur folie. Marat fut poignardé; Collot-d'Herbois est mort à Cayenne; Chaumette, Robespierre, Babeuf, sont tombés sous le couteau de la guillotine; jusqu'à l'instant de leur chute ils furent tous ses amis, ses confrères : il est vrai que depuis il ne leur épargna pas l'insulte; s'il étoit fou comme eux il y avoit au moins un peu plus de méthode dans sa folie. S'il étoit fou, où, quand, comment sa maladie est-elle cessée? quelles marques d'horreur a-t-il données des crimes qu'il commit pendant les accès de sa frénésie? A-t-il recherché les orphelins, les veuves, les parens désolés de ces deux cent trente Lyonnais, par exemple, qu'il fit passer sous le *tonnerre* pour célébrer le massacre de Toulon? A-t-il rétracté dans la pénitence et les larmes ses exécrables blasphêmes? S'il ne l'a pas fait, il est encore sous l'influence de la même folie qui l'affligeoit en 1793, et les actifs remèdes de ce temps sont les mieux appropriés à son état. Mais il est absurde de parler de démence dans sa conduite. Hélas! elle n'a été que trop conséquente, depuis le premier moment jusqu'au dernier.

Il est parfaitement dans l'ordre qu'une cupidité et une ambition dépravée prennent successivement tous les masques, se prêtent à tous les genres de déception. Un homme d'un tel caractère, n'ayant pas même au fond du cœur le germe d'un sentiment noble, montrera dans les froids calculs de l'intérêt personnel, aujourd'hui la férocité du tigre, demain l'hypocrite douceur du crocodile; il sera constitutionnelliste en 1789, républicain en 1792, régicide en 1793, thermidorien en 1794, dévoué au gouvernement directorial en 1795, et en 1799 au gouvernement consulaire, impérialiste en 1813, royaliste en 1814, et en 1815 une parfaite girouette, parcourant avec rapidité tous les points du compas. De bonne foi, peut on s'attendre que le monde soit encore la dupe d'un homme qui a trompé ainsi, et trahi successivement tous ceux dont il a eu la confiance? Y a-t-il quelqu'un qui ignore que depuis le mois de mars dernier jusqu'en juillet il n'a cessé de jouer double et triple jeu, se mêlant à tous les partis, avec la ferme résolution de s'attacher à celui que favoriseroit la fortune? Ses intrigues à cette époque ne nous sont pas inconnues; mais, pour finir, d'autres peuvent être plus heureux dans leurs recherches sur la vie du héros de ce *Mémoire*; quant à nous, tous les traits de son caractère nous paroissent rassemblés dans l'énergique expression du poète :

> Monstrum nulla virtute redemptum
> A vitiis.

Au moment où nous venions de finir ce *Mémoire*, nous avons reçu de France un pamphlet (*des Révolutionnaires et du Ministère actuel*) dont nous croyons devoir faire l'extrait suivant :

« La nomination de Fouché comme ministre de Louis « XVIII est un acte auquel l'histoire en a et en aura, il « faut l'espérer, peu d'autres à comparer; il fera peu d'hon« neur à la politique de ce temps; il en fera peu surtout « à notre nation, qui doit y trouver une preuve du mé« pris où elle est dans l'esprit de son roi et des monarques « étrangers.

« Le Roi, en appelant au ministère l'assassin de son « frère, et l'un des restes les plus dégoûtans de notre révo« lution, a cru sans doute que ce choix seroit agréable à « la nation, ou du moins qu'il ne lui seroit pas désagréa« ble; car, dans les principes qui nous gouvernent en ce

« moment, le plus grand défaut d'un ministre est sans con-
« tredit de déplaire à ses concitoyens, et tous les talens du
« monde ne peuvent le racheter. Il seroit d'ailleurs peu
« raisonnable de penser que S. M. n'ait pas voulu éviter
« avec soin de contrarier l'opinion publique, au moment
« même où elle cherchoit à la flatter par de nouvelles con-
« cessions.

« Il y a eu des temps où nous n'étions pas gouvernés
« par les mêmes principes, et où un roi de France ne se
« seroit pas permis un pareil choix; il est aujourd'hui des
« peuples qui ne le sont pas non plus, et que leurs souve-
« rains estiment assez pour ne pas se donner un tel ministre.

« Le Roi nous a révélé une chose, c'est qu'il croit le
« peuple français réellement coupable des crimes qui ont
« été commis en son nom, et particulièrement du plus
« grand de tous, puisqu'il ne croit pas que nous ayons
« horreur de ces crimes et de ceux qui les ont commis;
« mais alors une réflexion se présente, il devroit désespé-
« rer de conserver le trône de ses pères, la race de nos Rois
« nous seroit odieuse.

« Le même motif qui a engagé le Roi à prendre Fouché
« pour ministre est nécessairement du nombre de ceux qui
« ont vaincu chez les souverains alliés leur répugnance na-
« turelle pour un homme que leurs conseils eussent faci-
« lement éloigné.

« Le parlement d'Angleterre excepta du pardon accordé
« par Charles II, ceux qui avoient fait périr son père, et
« il préserva par là le peuple anglais de l'inculpation de
« régicide.

« Les ménagemens dont sont l'objet ceux qui chez nous
« ont commis ce crime, les places qu'ils occupent, le ren-
« dent pour ainsi dire *national*; ce seroit à nos députés à
« repousser cette humiliation. »

Cet extrait démontre d'une manière bien forte la terrible responsabilité de ceux qui ont forcé la conscience et l'honneur d'un prince tel que Louis XVIII, en lui donnant des ministres qui ont fait rougir la France, et gémir les gens honnêtes par toute l'Europe; nous espérons sincèrement, avec l'auteur de ce pamphlet, que la Chambre des députés aura le courage de repousser cette humiliation, en faisant un exemple insigne des assassins de Louis XVI, et qu'ils mettront entre les mains du Roi un pouvoir assez étendu, pour le dégager de toute entrave révolutionnaire quelconque, et faire revivre en France la religion, la justice et l'honneur : c'est alors que nous verrons ce qui peut seul sauver ce beau royaume et assurer la tranquillité de l'Europe; savoir, une administration composée, non de ceux qui ont été occupés sans « relâche à tout détruire « pendant vingt-cinq ans, et qui se présentent aujourd'hui « avec tant d'assurance pour tout réparer; mais de ceux « au contraire qui n'ont fait autre chose depuis vingt-cinq « ans que combattre, détester, couvrir de tous les oppro- « bres qu'elle méritait une révolution qui, dès son commen- « cement, n'a été qu'un tissu d'extravagances et de cruau- « tés, faisant ainsi preuve d'*honnêteté* et de *bon sens*, qua- « lités qui de tout temps furent considérées comme les plus « essentielles dans ceux qui sont appelés à gouverner les « hommes, tandis que la conduite des autres n'offrait à tous « les yeux que *folie* et méchanceté.

Pour conclure en un mot, la France doit à l'Europe une garantie *morale* ou *physique*; et de qui est-elle en droit d'attendre la première, si ce n'est de Louis XVIII ?

« Europæ pacis, Galliæque felicitatis
« hoc pignus unicum. »

DE L'IMPRIMERIE D'ADRIEN EGRON.

www.ingramcontent.com/pod-product-compliance
Ingram Content Group UK Ltd.
Pitfield, Milton Keynes, MK11 3LW, UK
UKHW012257240726
13966UKWH00004B/1446